EIN ELSENBRINK-BUCH

*Für Ramona*

*Der Autor:*
Ein ganz übler Zeitgenosse!


*Das Buch:*
Ein ganz übles Machwerk!

Prof. Elsenbrink

# Aufbruch nach
# Aasghanistan

Limericks, Schüttelreime
und andere Nonsensgedichte

Mit Zeichnungen von
Guido Neukamm

Ein Elsenbrink-Buch

Übersetzung: Prof. Elsenbrink schreibt meistens im dritten Gang

© 2017 Thomas Elbrecht
Alle Rechte vorbehalten
4. komplett überarbeitete Auflage
(Erstmalig erschienen im Juni 2014)
Umschlaggestaltung: Thomas Elbrecht, Guido Neukamm
Umschlagzeichnung: Guido Neukamm
Satz, Gestaltung: Thomas Elbrecht

Herstellung und Verlag: BoD – Books on Demand, Norderstedt
ISBN 978-3-7357-5724-1

# INHALT

**LIMERICKS** 7

Viechericks 9
Schweinkramericks 17
Diversericks 27
Weltallericks 39
Seltsamzusammenhängericks 43
Unreinericks 45

**SCHÜTTELREIME** 47

Kreuch & Fleuch 49
Mensch & Tier 53
Mann & Weib 60
Trieb & Hieb 63
Schmutz & Schund 64
Mampf & Schluck 70
Kunst & Hurz 72
Hinz & Kunz 75
Heil & Helf 77
Aus & Land 79
Schlau & Spruch 81
Frag & Sag 82
Lug & Trug 83
Dies & Das 85
Mund & Art 88
Vier & Fach 90
Schnorr & Schlauch 92

**NONSENSGEDICHTE**

| | |
|---|---:|
| Leberreime | 94 |
| Carmina Burana | 96 |
| Fernöstliche Kampfkunst | 96 |
| Marille und Nille | 96 |
| Haute Cuisine für unterwegs | 96 |
| Ente kross? Nein, danke! | 97 |
| Spaßvogel Arnold | 97 |
| Leichenschmaus beim Italiener | 98 |
| Aufbruch nach Aasghanistan | 100 |

**DANKSAGUNG**   103

**SPAM**   104

# LIMERICKS

Limerick: Fünfzeiliges, zumeist scherzhaftes Gedicht mit dem Reimschema aabba. Die Zeilen eins, zwei und fünf müssen je drei Hebungen (betonte Silben) aufweisen, die Zeilen drei und vier hingegen nur je zwei. Versfuß: Anapäst/Daktylus.

\* \* \*

Fragen Sie mich bitte nicht, was das bedeutet. Mein Tipp: Lernen Sie den Quatsch einfach auswendig, dann können Sie auf der nächsten Party ordentlich Eindruck schinden. Und eines kann ich Ihnen versichern: Es gibt nichts Schöneres, als andere Leute mit ein paar Brocken nutzlosen Halbwissens einzuschüchtern!

## *Viechericks*

*DJ Gock L*

Der rappende Gockel aus Drebkau
stolzierte – drei Hühner im Schlepptau –
    im Stall hin und her
    und streute die Mär,
er sei die wohl heißeste Rap-Sau.

*Abgeblitzt*

Ein goldgelber Gockel aus Otter
galt Hühnern als überaus Flotter.
    Doch eine der Hennen
    wollt nicht mit ihm pennen.
Sie höhnte: »Zieh ab, Harry Dotter!«

*Der frühe Vogel fängt den Wurm*

Zwei Langschläfermeisen aus Meißen,
die fingen meist wenig zu beißen.
    Sie gähnten: »Was soll es,
    so 'n Wurm is' nix Dolles.
Und toll is': Wir müssen kaum scheißen.«


*Hasenehe*

Es klagt eine Häsin in Blasewitz:
»Wann immer ich mümmelnd im Grase sitz,
    erscheint mein Herr Gatte
    mit brettharter Latte,
denn dauernd – o weh! – ist mein Hase spitz.«


*Ich möchte kein Eisbär sein*

Ein Eisbär trieb langsam per Scholle
durchs Eismeer und fand es nicht dolle.
    Ihm fehlte der Kick.
    Er seufzte: »Ein Fick –
das wär's jetzt! Doch wo treibt 'ne Olle?«

*Die Zigarette danach*

Ein Aasgeier aß an der Maas
im feinen Lokal *Toter Fraß*.
    Nach dem Schmaus – zum Kaffee –
    wollt er rauchen, rief: »He!
Garçon, s'il vous plait *Gaulo-Aas*.«




*Verwechslungstragödie*

Ein *richtiger* Schluckspecht aus Herne
sah schmerzbedingt zahllose Sterne,
    denn der Piepmatz war blau,
    und er hackte wie Sau
den Schnabel in eine Laterne.




*Wackeldackel*

Ein Dackel berichtet aus Britz:
»Ich seh überm hinteren Sitz
    von Autos – nebst Hüten –
    oft Zwergdackel wüten
wie Headbanger – ehrlich, kein Witz!«

*Essen!*

Ein garstiger Dackel aus Essen
denkt rund um die Uhr nur ans Fressen.
    Er knurrt, fletscht die Zähne
    und schüttelt die Mähne,
um leckere Wurst zu erpressen.



*Kleiderordnung*

Einst tanzte im Tierpark nah Backnang
ein Anhänger Bhagwans im »Sack« lang.
    Ein Pinguin hetzte:
    »Orange ist das Letzte!
Mein Sportsfreund, beachte den Frackzwang.«



*Aufgeflogen*

Ein pfiffiger Sittich aus Frechen
belauschte sein Frauchen beim Sprechen.
    Er lernte den Satz:
    »Hallöchen, mein Schatz –
für Sex ist im Voraus zu blechen.«

*Ein Flyer für die Flyer*

Herr Meier verteilte bei Speyer
an Geier und Reiher einst Flyer.
    Im Flyer stand: »Nächtens
    ist Sturzflug nicht rechtens.«
Drauf Geier und Reiher: »Mensch Meier!«



*Blüten des Kreuzungswahns*

Ein gälisch-tadschikischer Moorhahn
mit bayrisch-burundischen Vorfah'n
    legte jodelnd ein Ei,
    aus dem Stall kam ein Schrei:
»Wir müssen das Vieh ins Labor fah'n!«



*Zuchterfolg*

Vor Kurzem gelang in Peru
die Kreuzung von Masthahn und Kuh.
    Ein Forscher verriet:
    »Der Nutztierhybrid
begrüßt mich mit *Kikerimuh*.«

*Einohr-Esel »van Gogh«*

Einst *die* Attraktion der Azoren:
Ein Esel mit halb so viel Ohren.
    Das Rätsel ist noch
      beim Langohr *van Gogh:*
Absinth oder schlicht Karnivoren?


*Schneckentempo*

Es kriecht eine Schnecke aus Zell
nach Ansicht der andern zu schnell.
    Die wähnen sie gar
      in Lebensgefahr –
sie sei auf dem *Highway to Hell.*


*Die Asselseele kocht*

Es faucht eine Assel in Kassel:
»Du Limerick dichtende Assel:
    Jetzt lasse es sein,
      erspar uns die Pein
und reime nicht Assel auf Kassel!«

*Bauer sucht ...*

Ein Bauer, ein schlauer, im Sauerland
zu lau und zu flau es auf Dauer fand,
    alleine zu leben.
    Drum suchte er eben;
er suchte, bis dass eine – Au er fand ...

# *Schweinkramericks*

*Der zweckentfremdete afrikanische Riesenpenis*

Brunhilde N'Dongo von Hickendings
aß jahrelang täglich zehn Chickenwings.
    Zum Huhn sie mutierte,
    bald gackernd sie zierte
die Stange des Gatten – sein »Fickendings«.


*Neulich bei Vattenfall*

Es rief ein Bürochef bei *Vattenfall:*
»He Tippse, äh, Fräulein, wir hatten mal …«
    Sie guckte betroffen –
    sein Kuhstall stand offen –,
rief fassungslos: »Gütiger, wat'n Pfahl!«

*Bizarres Coming-out am Glockenstuhl*

Beim zärtlichen Turteln am Glockenstuhl
bekannte er: »Du, ich hab Pocken, suhl
    mich gerne im Dreck,
      ess ranziges Fleck
und, ja, ich find stinkende Socken cool.«


*Aalens »braune« Vergangenheit*

Gemäß den Annalen von Aalen
gab's anfangs im Ort Kannibalen.
    Ihr Umgangston: barsch.
    Ihr Leibgericht: Arsch.
Ihr Name im Volk: »Die Analen«.


*Erna und Karl*

Die Lustgreisin Erna aus Witten
hat Karl, einen Lustgreis, geritten
    wie doll und verrückt.
    Sie jauchzte entzückt,
da flogen sie raus – ihre Dritten.

*Frühreifes Früchtchen*

Es wollt eine Greisin aus Grieben
mit Heesters ein Nümmerchen schieben.
    Der *Jopi* ward schwach
      und schwärmte dann: »Hach,
für neunzig schon herrlich durchtrieben.«




*Frischfleisch*

Es lassen den Lustgreis im Westerwald
schon länger die reifen Semester kalt.
    Und ist er mal blau,
      dann droht er der Frau:
»Ich nehm deine jüngere Schwester bald!«




***Je oller, desto doller***

Ein Lustgreis im Altenheim Dietzenbach
entgegnet der Pflegerin: »Siezen? Mach
    kein' Quatsch, süße Motte.
    Du weißt, ich heiß Hotte –
und Hotte legt schnucklige Miezen flach!«

*Sklavenaufstand*

Eine Domina schnauzte in Poppenricht:
»Ja, was heißt hier, du magst diese Noppen nicht?!
    Das ist ohne Belang,
      für den Sklaven gilt Zwang.
Und jetzt Ruhe – ich will dich verkloppen, Wicht!«


*Ideen muss man haben*

Ein pfiffiger Kerl aus Kalkutta
bekam einen Jieper auf Butter.
    Die Kuh muhte eilig:
      »Hier nicht, ich bin heilig!«
Da molk er die nächstbeste Mutter ...


*Amore, Amore!*

Es seufzte ein Hausarzt aus Roma:
»Viel Sorge ick maken, weil Oma
    jetzt neu sie 'at Freund –
      grad zwanzig, gebräunt.
Amore sie makt bis er Koma.«

*Pizza ai Testicoli*

Ein spitzer Hallodri aus Nizza
verputzte in Rom eine Pizza
    mit Hoden vom Stier
      und andrem Getier.
Die Folge: Er ward immer spizza.


*Die Geschichte des Eaux*

Ein Pärchen verschwand in Bordeaux
im Bistreaux zum Poppen aufs Kleaux.
    Er rief: »Lass disch ge'en!
    Will Porneaux isch dre'en.«
Sie stöhnte zur Sheaux künstlich: »Eaux!«


*Die Segnungen der Gentechnik*

Es wollte ein Forscher in Wehren
die willigen Frauen vermehren.
    Er klonte zwei Nymphen
    samt Strapsen und Strümpfen.
Jetzt kann er die Gattin entbehren.

*Die Entweihung*

Ein Lustmolch bereiste St. Gallen
und trieb es mit ausnahmslos allen
    im heiligen Ort,
      drum strich man ein Wort –
das St. in St. Gallen: entfallen.


*Sinnfreie Heiligenverunglimpfung*

Der Heilige Franz von Assisi
sprach: »Hure, den Mund auf, glei' piss i!«
    Natursekt und mehr,
      das liebte er sehr –
der »Heilige« Franz von Assisi.


*Die Fischtester berichten*

Leander und Wanda aus Anderlecht,
die fanden in Flandern den Zander schlecht.
    Sie schimpften: »Ganz böse –
      er miefte wie Möse!
Fast ärger als damals in Cannes der Hecht.«

*Der Tourettewichtel*

»Verfickt!«, schrie ein Wichtel im Hotzenwald.
»Ihr Wichser, ihr seid so zum Kotzen! Halt!
    Ich – *Ficken!* – beschmeiße
    euch – *Ficken!* – mit Scheiße,
ich – *Ficken!* –, ich mache euch Fotzen kalt!«

*Die Domina*

Die Domina Grace aus der Holledau
sprach: »Sklave, du willst, dass ich dolle hau?
    Sehr gerne, du Wicht,
      doch winsele nicht,
sonst kriegst du den Knebel, du olle Sau!«

Der Sklave zur Grace aus der Holledau
sprach: »Herrin, Sie sind eine tolle Frau!
    Wie hart Sie auch schlagen,
      werd still es ertragen.
Man hat seinen Stolz – auch als volle Sau.«

»Nimm dies!«, rief die Grace, und die olle Sau –
der Sklave – bekam's auf die Knolle. »Au!«,
    schrie dieser spitz auf,
      sie keifte darauf:
»Du wagst es, zu schrei'n wie 'ne Olle ›Au!‹?

Na warte, du Weichwurst, du olle Sau –
hier hast du den Knebel. Die ›tolle Frau‹,
    für die du grad schwärmtest,
      dich *so* doll erwärmtest,
die haut dir jetzt erst mal die Knolle blau!

Denn wisse: Für Grace aus der Holledau
ist Mitleid ein Fremdwort, du olle Sau.
　　Ich peitsch ohne Gnade,
　　pass auf jetzt, du Made!« –
Vom Schlag ward dem Sklaven ganz dolle flau.

So kriegte er dann – diese olle Sau –
das volle Programm von *Miss Dolle-Hau*.
　　Sie peitschte den Lurch
　　von A bis Z durch –
er taumelt noch heut durch die Holledau ...

## *Diversericks*

*Bankerbeichte*

Der Frank, früher Banker in Frankfurt,
sagt Kurt, dass als Bankster er krank wurd'.
    Doch nicht nur ganz krank,
    Frank sagt auch ganz frank:
»Seit 2008 bin ich blank, Kurt!«


*Schlimme Diagnose*

Ein ehrlicher Heiler aus Düren
erklärte: »Von allen Geschwüren,
    die Qualen bereiten
    in unseren Zeiten,
erhebt das wohl schlimmste Gebühren.«

*Gemeinsam an die Spitze*

Zwei Hochleistungssäufer aus Scheyern
bestiegen beim *Sauf-Open Bayern*
    den sportlichen Thron,
      denn traumhaft synchron
geriet ihr gemeinsames Reihern.


*Wer suchet, der findet?*

Ach, wie lang hat ein Dichter in Gmunden
sich beim Suchen erbarmungslos g schunden.
    Doch vergeblich – o je!
    Die drei fehlenden *e*
für sein G dicht hat er leider nicht g funden.


*Schreibblockade*

Ein Dichter saß ratlos in Wurzen
und kippte aus Frust einen Kurzen.
    Dann seufzte er: »*Tönchen*
    passt trefflich zu *Böhnchen*,
doch – Teufel! – was endet auf *urzen*.«

*GAU im Gau*

Es raste ein Greis aus dem Breisgau
ins Ende des Staus und schrie: »Scheiß Stau!«
    Der Schaden war riesig
    und Wachtmeister Fiesig
vermerkte: »Im Breisgau heut Greis-GAU.«


*Aufklärungsarbeit*

Die *Wahrheitsfront* drehte in Nauen
versteckt einen Film über Frauen,
    die zetern und fluchen
    bei Einparkversuchen.
Der Titel des Werkes: »Das Grauen«.


*Alles muss raus!*

Ein Handwerker sagte in Pasewalk:
»Herr Doktor, im Innern der Nase Kalk
    und Schnodder verklumpen.
    Ich lass mich nicht lumpen
fürs Rauspusten – hol'n Sie den Blasebalg!«

*Raubeine*

Zwei der härtesten Rocker aus Diedersdorf
intonierten zur Blüte des Flieders Orff,
    Schostakowitsch und Strauss.
    Einer winselte: »Klaus?
Du, ich hab hier – vom Scheuern des Mieders – Schorf.«


*Die jungen Wilden*

Ein Headbanger brüllte in Ettlingen
zum Bruder: »Dreh auf, das muss fett klingen!«
    Doch Atze, der Shouter,
    rief: »Wird nix mit lauter.«
Tja, Mutti kam, beide ins Bett bringen ...


*Berliner Schnauze*

Am Ku'damm sprach Adam aus Flandern
zum Thema »Erholsames Wandern«.
    Er holte schön aus,
    doch kam statt Applaus:
»Ey Atze, hör uff zu mäandern!«

*Beerenstark*

Es sprach ein Fruganer in Sperenberg
zum Sohne: »Du musst nichts entbehren, Zwerg.
    Du siehst ja, klein Eugen,
    ich konnte dich zeugen,
obwohl ich mich stets nur mit Beeren stärk'.«



*Werneuchener Brauchtum*

Einst mahnte der Propst in Werneuchen
zur Abkehr von ekligen Bräuchen:
    »Man isst keine Linsen
    und lässt dann mit Grinsen
geflissentlich einen entfleuchen!«



*Im Westen ...*

Ein Ami fuhr kürzlich von Schleuß
nach Westen, bis weit hinter Neuss.
    Er sagte: »Idylle,
    die such ich – und Stille.
Es heißt doch: ›Im Westen nichts Noise.‹«

*Organhandel heute*

Organhändler Marek aus Wieren
tönt: »Angäbott: Sechserpack Nieren!
    Zwei von Schwein, zwei von Rind,
    zwei von russische Kind.
Soll billig sein, muss kombinieren.«


*Lobbyismus extrem*

»Erfreulich wär«, sagte in Ahlen
der Sprecher der Jungkannibalen,
    »aus unserer Sicht:
    Ein Fertiggericht
mit Menschenfleisch in den Regalen.«


*Sport ist Mord*

Ein Wikingernachfahr aus Bergen
trainierte den Weitwurf von Zwergen.
    Er schmiss sie zu weit,
    drum stieg in Kuwait
der Absatz von kleineren Särgen.

*Der Franzose*

Der Franzose erfand Crème brûlée
und erbaute die Champs-Élysées.
　　Doch bleibt sein Gebrechen
　　vernünftiges Sprechen:
»O l'amour, all die schön Gefûlée.«



*Herbstfreuden des Franzosen*

Er säuft wie ein Loch Beaujolais,
mampft Berge von Wild, häufig Rais,
　　mit buttriger Sauce –
　　der liebe Franzauce.
Wenn's durchschlägt, geht's ab aufs Bidais ...



*Der Töpfer*

Es gibt einen Töpfer in Brüssel,
der hat einen Sprung in der Schüssel.
　　Nicht jener vom Klo –
　　o nein, es ist so:
Er trägt einfach gern einen Rüssel.

*Der infizierte Logopäde*

Ein Junge mit Sprachtick aus Bozen
sprach *motzen* zum Beispiel wie *moootzen.*
    Das Schlimmste daran:
    Der Tick steckte an.
Sein Sprachlehrer fluchte: »Zum Koootzen!«



*Geistesblitz*

Eine stotternde Transe aus Spanien
namens Sylvia goss grad Geranien.
    Ihr schoss in den Sinn:
    »Ich hab es: Ich bin
au– aus *T*– T– *T*– *T*– Transsylvanien.«



*Esther*

Die Eltern der Esther aus Schwante
sind überaus enge Verwandte,
    sprich: Bruder und Schwester.
    Beim Anblick von Esther,
da geben sich beide die Kante.

*Der Klugscheißer*

Jüngst klagte ein Bauer bei Danzig:
»Es wird mir die Butter oft ranzig.«
    Ein Veggie riet zu:
      »Lass ab von der Kuh!
Ernähre dich lieber rein pflanzlich.«




*20.12.2012 – Bombastische Weltuntergangsstimmung*

Ein Faulpelz war froh übers Ende
und schmierte dem Chef an die Wände:
    »Malochen und Schinden
      ein Ende nun finden –
ich reib mir schon heute die Hände!«




*Alles Luder?*

Am Strand rief ein Kerl in Bermudas
zwei Frauen zu: »Guckt mal, ihr Ludas!«
    Sie drehten sich um,
      dann watschte ihn – wumm! –
die eine. Er: »Mutti, bist *du* das?«

*Für Elise!*

Der lieben Elise in Biesenthal
ein fieser Kirgise die Fliesen stahl.
    Doch Boris, ihr Stecher,
    bekam den Verbrecher
zu fassen und schrie: »Du jetzt Riesenqual!«


*Kotzbrocken am Brocken*

Verliebt jauchzte Ulla am Brocken:
»Mein Heinz – ach, was könnt ich frohlocken!«
    Doch Ungemach plagte
    den Heinz, der nur sagte:
»Gib Ruhe und stopf mir die Socken!«


*Am Ufer der Seine*

Ein Paar stand am Ufer der Seine.
Sie schwärmte: »'ab selten gesehn
    so was Schönes, Maurice.«
    Doch Maurice ging es mies,
er zischte: »Du stehst auf mein' Zeh'n!«

*Frauentaxi*

Die zierliche Lea aus Wacken
spielt »Taxi« und trägt – um den Nacken –
    nach Hause den vollen
    und sauschweren Ollen.
Er lallt nur: »Du wirst das schon packen.«




*Kurzer Prozess*

Ein Giftmischer sagte in Wehlen:
»Bei Ehestreit kann ich empfehlen:
    Arsen für die Frau,
    gelöst in Kakao.
Was soll man sich unnötig quälen?!«




*Andere Länder, gleiche Abneigungen*

Der Schwiegersohn schmorte auf Bali
für Frauchens Frau Mutter aus Mali
    zwei schöne Rouladen,
    gefüllt a) mit Maden
und b) – was denn sonst?! – Zyankali.

# Weltallericks

*Die Wahlschlappe*

Ein Marsmännchen schaute zur Erde
durchs Fernglas und fluchte: »Ich werde
   gleich völlig verrückt!
   Mein Wahlkampf missglückt –
die *Grünen* sind abgewählt. Merde!«


*Der Beweis*

Ein Bauer sah hoch in den Anden
ein Ufo mit Marsmännchen landen.
   Doch glaubte man nicht
   an seinen Bericht –
bis Suchtrupps dann *Mars-Riegel* fanden ...

*Miese Abzocke*

Es fragte sich Ben (Astronaut),
warum sich's bei Pluto so staut.
    Er brüllte: »O Mann!
    Geht's heut noch voran?«
Dann sah er's: Die wollten dort Maut …


*Druckanstieg im Ufo*

Ein Alien vom Sternbilde Fuchs
vernahm einen Anstieg des Drucks
    und fluchte: »Kein Klo –
    scheiß Ufo! Hoho,
ich mache mir gleich in die Bux.«


*Schwarzer Alienhumor*

Frau Alien sprach: »Lauscht eurer Mama, Kids.
Ich habe für euch einen Hammerwitz.«
    »Au ja!«, schrien die Zwerge.
    »Zum Spaßthema Särge?«
Sie lachte: »Zum Spaßthema Gammablitz.«

*Russen im Weltall*

Ein Alien vom Sternbilde Stier
erspähte durchs Fernglas die *Mir*.
    Er rief: »Nicht zu fassen,
    die können's nicht lassen –
Besäufnis mit Wodka und Bier!«


*Dämpfer für den interplanetarischen Vorurteilsabbau*

E.T. – grad gelandet in Polen –
verließ kurz sein Ufo, sprach: »Holen
    ich Happen zu essen.«
    Nun tobt er: »Indessen
mir Radio wurde gestohlen!«


*Aufklärungskampagne anno 2013*

Der Chefastronom der Bretagne
entwickelte eine Kampagne.
    Sie lehrte den Pöbel:
    »Der Pferdekopfnebel
gehört nicht zum Sternbild Lasagne!«

*Nepper, Schlepper, Bauernfänger*

Ein Alien in Tracht bot auf Neptun
zum Wucherpreis feil (als »Der Sepp«): Huhn
   aus bayrischen Landen.
   Die Marktleiter fanden:
»Wir müssen was gegen den Nepp tun!«

---

Der geneigte Leser möge bitte in »Nepper, Schlepper, Bauernfänger« die Betonung beim Wörtchen *Neptun* auf die erste Silbe legen. Wir Schlaufüchse wissen natürlich, dass das nicht korrekt ist, aber der gemeine Pöbel macht's halt umgangssprachlich so – und danach müssen wir uns doch letztlich alle richten, oder?! (Zum Glück, sonst hätte mein Gedicht, ähem, nicht funktioniert.)

# *Seltsamzusammenhängericks*

*Faderick*

Ein Damenstrumpfstricker aus Baden
verlor einmal völlig den Faden.
    Sein Gebrabbel schien wirr.
    Seine Frau: »Bist du irr?«
Dann sah er 'n, rief: »Da, an dein' Waden!«


*Fladerick*

Ein indischer Bäcker aus Baden
verlor einmal völlig den Fladen.
    Seine Flugbahn schien wirr.
    Bäckers Frau: »Is' ja irr –
vielleicht fliegt das Ding zu *Bin Laden*.«

*Maderick*

Der völlige Bäcker *Bin Fladen*
verlor mal in Indien beim Baden …

*Wir unterbrechen an dieser Stelle den Limerick für eine wichtige Durchsage:*

»Das ist sinnlos und wirr,
dieser Dichter ist irr.
Drum werft ihn zum Fraß vor den Maden!«

## *Unreinericks*

Vorab: Die folgenden Limericks waren unmittelbar nach ihrer Niederschrift wegen nicht unerheblicher Reimunreinheiten und anderer Ungereimtheiten von der Reimpolizei beschlagnahmt worden. Der PBF (**P**ointen**b**efreiungs**f**ront) gelang es jedoch kürzlich in einer Nacht-und-Nebel-Aktion, sie aus den Klauen der staatlich besoldeten Spaßbremsen zu befreien.

*Das Böse, das das Gute schafft*

Die Chefin der *Riesenbank Brieselang*
war – wie man so sagt – eine miese Schlang'.
    Hat schamlos gelogen
    und jeden betrogen –
bis *Lehmans* Konkurs in die Knie se zwang …


*Ein Russe auf Reisen*

Der Igor, Tourist in Afghanistan:
»Kann Auto ich erst nach paar Wodka fah'n.
    Wenn *Wässerchen* knapp,
    ich fühlen viel schlapp
und fahren dann lieber mit Tali-Bahn!«


*Veronika, der Lance ist da*

Der stinkfaule Lance aus Amerika
besuchte im Frühling Veronika,
    sprach: »Wörken? No chance!
    Ick mack mir 'nen Lance.«
Veronika: »Scheiße, der Lance ist da!«

# SCHÜTTELREIME

Schüttelreim: Ein Doppelreim, bei dem die Konsonanten beziehungsweise Konsonantengruppen der letzten beiden betonten Silben vertauscht werden. Als besonders schwierige (und daher recht rare) Spielart gilt der so genannte vierfache Schüttelreim. Dabei muss der Schreiberling im Anschluss an das erstgenannte Prozedere auch noch die Vokale der betreffenden Silben verschütteln.

\* \* \*

Fragen Sie mich bitte nicht, was das bedeutet. Mein Tipp: Lernen Sie den Quatsch einfach auswendig, dann können Sie …

# *Kreuch & Fleuch*

*Unterwassermobbing*
Der Barsch riet: »Hering, mobb die Aale!
Beruflich ist's das Optimale.«


*Unterwasseralkoholismus nimmt zu*
Der Hai kippt sich seit Wochen rein
(wie Flunder, Wal und Rochen): Wein.


*Enteroctopus Labilicus*
Aus Schwäche soff ein Riesenkrake
am Bosporus in Krisen Rake.


*Miese Schlange*
Grüßt Mutter und auch Vatter nie –
das ungezogne Nattervieh.


*Schmerz verleiht Flügel*
Recht hoch bisweiln die Kröte fliegt,
wenn sie eins auf die Flöte kriegt.

*Dr. Grzimek wusste auch nicht alles*
Genau wohl nur die Schaben wissen,
wie oft sie schon auf Waben schissen.


*Familie Fliege lädt ein*
Zum Kuhstallbrunch die Fliegen laden,
denn sicher ist: dort liegen Fladen.


*Flozilla*
Im Schwimmbad frisst ein Riesenfloh
den Fußpilz von den Fliesen (roh).


*Der Lebensraumverlustbewältigungsohrwurm*
Die Schnecke sang im Schneckenhit
»Die Heck' is' weg!« vom Heckenschnitt.


*Drei Tage Dauerregen – Endzeitstimmung im Erdreich*
Die Würmer hab'n – zusamm'geschlungen –
ein Requiem im Schlamm gesungen.


*Faultier macht der arbeitsscheuen Gemahlin Beine*
»Ich will dich nicht hier gammeln sehn,
was Leckres sollst du sammeln gehn!«

*Kragenbär über seine Erfahrung mit Kannibalismus*
»Wenn ich einen Kragen mampf,
krieg ich einen Magenkrampf!«


*Wo bleibt der Klimawandel?*
Der Eisbär hätt gern warme Eier.
Sie friern ihm ab – der Arme, 'weia!


*Grizzly-Dame lässt Eisbären abblitzen*
»Selbst wenn ich ein Albino wär,
ich tränk mit dir kein' Vino, Bär.«


*Auch Hundeliebe geht durch den Magen*
Es fleht eine Hündin im Rudel: »Geh nicht!
O Bello, ich koch dir ein Nudelgericht.«


*In der Katzenumkleidekabine*
Ein Sandwich lag im Katzenspind –
mit Gürkchen, Ei und Spatzenkind.


*Katz und Maus*
Die Katze sprach zur Maus, die aus
dem Loch kroch, hämisch: »Aus die Maus!«

*Perverse Sexparty im Hühnerstall*
Die Gockel weiße Fähnchen hissten,
als Hühner grölten: »Hähnchen fisten!«


*Keinen Bock mehr*
Vorm Ziegenbordell sah der Bock diese Schilder
mit Fotos der Ziegen – ein Schock diese Bilder!


*Kuh Olga*
Kuh Olga kaut und schaut hinauf ins watteweiße
                              Wolkenmeer.
Sie denkt bei sich, ach, wär das schön, wenn ich auch
                            schon gemolken wär.

# Mensch & Tier

*Tatort Küche*
Ach, hört sie wirklich keiner röcheln –
die Hummer, die bei Rainer köcheln?!


*Glimpflich davongekommen*
Der Chef von *OPEL Willer:* kahl.
Sein Haar fraß jüngst ein Killerwal.


*Piranha-Alarm*
Er schrie im Amazonas jäh –
Piranhas mampften Jonas' Zeh.


*Chinesischer Junge lernt am Strand einen Fisch kennen*
»Wel bist du denn, gloße Fischfleund? Ich viel heiße
                                                                          Wai.«
»›Wai, so *hieß* er‹, wird's gleich heißen!«, höhnt der
                                                          weiße Hai …

*Im Umerziehungslager »Pro Tiervegetarismus«*
»Nun komm schon, kleiner Marder, komm.
Ich hab hier leckren Kardamom.«


*Angriff der Killermaus*
Das Biest in Hannes Haus ist Manne,
die Maus, und diese Maus isst Hanne.


*Sicher durch die Faschingszeit*
Kontakt zu Katzen Klaus vermeidet,
denn Klaus ist fesch als Maus verkleidet.


*Abzocke*
Es steigt – gefühlt – je Stunde heuer
um zehn Prozent die Hundesteuer.


*Pfiffi vor der Steinskulptur »Das gestreckte Bein«*
Der Pfiffi hat empört vorm Stein gebellt –
das Scheißding hatte ihm ein Bein gestellt.


*Rottweiler Max – Ein gewaltbereiter Trunkenbold*
»An sich ist unser Max ein zahmer Rotti,
doch wehe, er bekommt kein' *Ramazzotti!*«

*Zirkussensation: Der Multitaskinghund*
Der Hund ein Pfötchen auf den Hocker stellt –
und in der Schnauze einen Stock er hält!


*Zirkussensation: Das sprechende Pferd*
Klar und deutlich wieh'rt es: »Lass er
kommen destilliertes Wasser!«


*Dressurerfolg*
»Was sonst ja kaum ein Äffchen kann:
Das meine bringt mir Käffchen an.«


*Der Großkatzenseelsorger rät*
»Vergieße eine Träne, Panther,
sonst wird der Schmerz noch penetranter.«


*Made(n) in Germany – Boykott!*
Im Angelshop die Maden leiden.
Da hilft nur eins: den Laden meiden!


*Geheimtipp vom Kammerjäger*
»Das letzte Mittel: Läusemägen
aufs Käsebrett der Mäuse legen.«

*Ihr ging es lausig*
Beim Laufen hat die Laus geeiert,
ihr Hüftgelenk war ausgeleiert.


*Ein Winzer sieht rot*
»Ich prügle dir das Leben raus,
du elendige Rebenlaus!«


*Ein Imker greift durch*
»Ihr lasst jetzt das Um-die-Rosinen-Geboxe,
auf Süßkram versessenes Bienengesocke!«


*Alles Laschis!*
Es sind zumeist die laschen Fliegen,
die knülle neben Flaschen liegen.


*Tod einer Werkstattfliege*
Erst packte ihn die blinde Wut,
dann klebte am Gewinde Blut.


*Strategische Überlegungen einer Werkstattspinne*
»Will ich gerne weiterleben,
muss ich fern der Leiter weben.«

*Der bulimiekranke Holzwurm*
Beim Reihern ist er Spitzenreiter,
im Schrank in alle Ritzen speit er.


*Festmahl bei kriminellem Holzwurmehepaar*
»Besteck«, so sprach der Holzwurm stolz, »geh holen,
mein Weib. Ich habe leckres Holz gestohlen.«


*Insektenjagd in Schottland*
»Schieß ab die bösen Motten, Schütze –
die wolln an deine Schottenmütze!«


*Mehlwurm des Grauens*
Ein Graus, was so ein Wurm im Mehle kann.
Er sprang schon manchem an die Kehle, Mann!


*Zeckzilla & Family*
Es ließ die kühnsten Recken zagen
zu seh'n, wie hoch die Zecken ragen.


*Die Kampfspatzenattacke*
Des Spatzen schier horrender Biss
beschert ihm einen Bänderriss.

*Mutterschaftsklage beim Amtsgericht Schweinfurt*
Die Sau hat Stein und Bein geschworen:
»Ich habe nie ein Schwein geboren!«


*Der polyglotte Wiederkäuer*
Erst blökt die deutsche Kuh auf dänisch »Muh«.
Und dann: »Ich kann's auch auf rumänisch, du.«


*Blöde Ziege!*
Gerad' als er die Ziege wog,
die Geiß ihn auf die Wiege zog.


*Der intrigante Ziegenbock Zottel*
Der Bauer: »Schmied'st Intrigen, Zottel?«
Der pfeift und mimt den Ziegentrottel.


*Durchbruch beim Tierschutzgipfel in Soweto*
Grad beschlossen in Soweto: »Tieren
darf der Mensch den Arsch nicht tätowieren!«


*Stararchitekt triumphierte in Entenhausen*
Er stach mit seinem Entenhaus
die ganzen Kontrahenten aus.

*Skontoverhandlungen im Zoofachgeschäft*

»Bezahlen Sie den Spatzen bar?«
»Sehr gern, wenn ich 'nen Batzen spar.«


*Studie zum Raumspraynutzungsverhalten von Geiern*

Am Sonntag nimmt der Geier *Aas
de Luxe*, sonst *Faule-Eier-Gas.*

# *Mann & Weib*

*Der Seidenschalfuzzi und die Veganerin*
Er liebt das Kulturelle, sie
hingegen Lauch und Sellerie.


*Schwermütiger Unterschenkelfetischist baggert*
»Ich werd Sie mit Balladen wecken
und täglich Ihre Waden lecken.«


*Speeddating in Kuba*
»Was mach ich gern? Ich rauf gern, summ
gern Liedchen und ich sauf gern Rum.«


*Speeddating in Tokio*
Sie saß schon da und konsumierte Sushi.
Er kam und fragte gleich: »Rasierte Muschi?«


*Tipps vom Datingcoach*
»Du solltest dich enthaaren, Veit,
und sprüh dich ein mit *Fahrenheit*.«

*Liebeserklärung der betrunkenen Nachbarin*
Als Silke Siggi Siebe lieh,
da lallte sie: »Ich liebe Sie!«


*Polizeibeamter ertappte eigene Gattin inflagranti*
Heinz sagte, hart wie Stein, zu Ellen:
»Der Koitus ist einzustellen!«


*Nebenbuhler geortet?*
Er hörte einen Schrei, der klang,
als käm er aus dem Kleiderschrank.


*Pack schlägt sich, Pack verträgt sich*
Erst Ehestreit mit Keifen, Raufen –
dann Hand in Hand zum Reifenkaufen . . .


*Hausbarinventur im Milieu*
Er schrie: »Ich werd zum Schläger – *Mampe*
ist alle, alte Megaschlampe!«


*Schöne Bescherung*
Erfreut rief Margarete: »Ho!
Herr Weihnachtsmann – Sie hetero?!«

*Schmieriger Papagallo blitzt bei Cellistin ab*
»O Bella, ich dir Cello bau.«
»Das glaubst du selbst nicht, Bello. Ciao!«


*Die unerwiderte Liebe der Friseuse Erna*
Verliebt hat Erna – ganz gehemmt –
den feschen Buben Hans gekämmt.
Doch dieser fesche Hans – er ging.
An Babs, der blöden Gans, er hing ...

# Trieb & Hieb

*SM-alltalk*
»Der größte Kick – du geile Sau –
beim Bondage ist der Seile-GAU!«

*SM-Session*
Er macht an Käthe Ketten ran,
damit sie sich nicht retten kann.

*Verkehrte Welt*
Wann immer er ihr brachte Leid,
die Masochistin lachte breit.

*Unterschiedliches Schmerzempfinden*
Was lässt sich über Hiebe sagen?
Dass manchen Menschen sie behagen.

*Urängste eines SM-Anhängers*
»Ich hab zwar Angst vor Geldentwertung,
doch mehr noch vor der Weltentgertung.«

## *Schmutz & Schund*

*Wanderhur' Wanda hat Wandertag*
Die Wanderhur' trug an der Wuhr'
beim Wandern nur a Wanderuhr.


*Heidi?*
In Trachten á la *Heidi* touren
für Schweinkram zur Abtei die Huren.


*Spiele ohne Grenzen*
So manche, die zu Babs, der Nutte, kamen,
für Rollenspielchen ihre Kutte nahmen.


*Rollenspiel im Burenpuff*
Ein Stöckchen hoch der Bure hält,
die angeleinte Hure bellt.


*Start-Ziel-Sieg*
Die Hure herrlich zart biss Stiel
und Glocken ihm – von Start bis Ziel.

*Ein Gläschen für Heinz!*
Im Freudenhaus erkannte man,
dass Heinz nur nach Spumante kann.


*Obstbauer am Straßenstrich*
Er bot ihr eine Birne dar,
da rief empört die Dirne: »Bar!«


*Der Romantiker*
Er sagte niemals viel zu Zicken,
nur dies: »Es ist mein Ziel zu ficken.«


*Französische Seuche?*
Brannt' ihm wie 'ne Lunt' die ganze
Zeit schon im Burgund die Lanze.


*Nicht wählerisch, sondern rattig*
Er war zu jeder »Ratte« lieb,
wenn sie ihm nur die Latte rieb.


*Monogamie? Nein, danke!*
Er könnte ewiglich so weitermachen:
Stets früh bei einer andren Maid erwachen.

*Und ewig lockt …*
Zart umhüllt von Chinas Seide
ewig lockt ihn: Sinas Cheide.


*Neues Beuteschema*
Den Vorzug gibt ab heut er Engen,
bei denen schön die »Euter« hängen.


*Der neugierige Klemmi*
Er blätterte mit zager Miene
durch höchst frivole Magazine.


*Die nymphomanische Bäuerin*
»Versagen alle – Sören, Micha –,
als Dildos sind mir Möhren sicher.«


*Luderbeichte (Auszug)*
»Beim Akt voll Wollust keucht' ich: ›Veit,
rasant steigt meine Feuchtigkeit!‹«


*Aale Achtung!*
Sehr gerne steckt Elvira Aal
in geile Löcher ihrer Wahl.

*Verkommenes Frauenzimmer*
Sie trieb's mit Quasimodo, sie
verging sich … na, halt Sodomie.


*Der Strohwitwer und die Putzfrau*
»Mein Weib ist weg. Der Lückenbüßer
bist heute du, drum: bücken, Lisa!«


*Durchschaut*
»Ich möchte dir die Stube zeigen.«
»Schon klar, um mich dort zu besteigen.«


*Rendezvousablauf kurz umrissen*
»Ich füll dich ab mit *Mosel,* dann
beglücke ich dein Dosl, Mann!«


*Schwerenöter in Sorge*
»So gern ich auch Frau Weber leck –
die säuft sich noch die Leber weg!«


*Partylöwe ließ die Puppen tanzen*
Er grölte: »Bringt mal Schnittchenteller
und wackelt mit den Tittchen! Schneller!«

*Gruppenseximpressionen*
Vor Wollust sah er Herta beben,
frivol die Möpse Berta heben.


*Wahnsinnsstimmung im Swingerclub »Black & White«*
Die Pärchen auf den Matten lachen,
als einer ruft: »Mulatten machen!«


*Der flotte Dreier des Jungsodomisten*
Im Hause der Brunftschrei des Knaben erschallte,
als kürzlich wie irre zwei Schaben er knallte.


*Friedhofswärter zu seinem Techtelmechtel*
»Es stört doch nicht die Totenruh,
wenn ich's mit der im Roten tu!«


*Bella Italia*
Beflügelt durch die Pornowelle
zeigt Vera aus Livorno Pelle.


*Ordinäre Tresenschlampen*
Was diese verkommenen Wesen so tragen,
das kann man nur hinter dem Tresen so wagen.

*Zotenpaule*
Wenn Paul seine zotigen Witze erzählt,
oft Worte wie Arsch oder Zitze er wählt.


*Bei der Zotenlesung*
Ihm wird vom Lachen wärmer – spitze
sind viele dieser Spermawitze.


*Kümmellobbyist schwört*
»Man esse täglich leckren Kümmel,
dann kriegt man einen keckren Lümmel!«


*Barbarische Brunnenvergifter (Augenzeugenbericht)*
»Was die da in den Brunnen hau'n,
kam hinten aus dem Hunnen – braun!«

# Mampf & Schluck

*Trunkenbold Basti*
Tagtäglich brät sich Basti Ei
und immer mischt er *Asti* bei.


*Supp-optimaler Kontrollverlust*
Wenn Frau'n besoffen Suppe schlabbern,
zuweiln sie auf die Schluppe sabbern.


*Haferflockensuppe bei Flodders*
Was schwimmt da in der Suppe? Flocken?
Schön wär's. Stattdessen: Fluppe, Socken …


*Frauen in der Küche*
»Sag, wollen wir nicht heute Teriyaki kochen?
Wär farblich schön zu deinem Hemd in Kaki, Jochen.«


*Küchendialog*
Derweil er die Paella macht,
fragt sie: »Sechs Löffel Mehl, ja?« – »Acht!«

*Die Hungersnot*
Großen Hunger litt er. Bemmen
gab es nicht – nur Bitter Lemon.


*Das Leid der hungernden Herrscher*
Bittre Tränchen weinen Fürsten,
mangelt es an feinen Würsten.


*Caffè Latte*
Beim Lesen trank Therese Latte.
So blieb sie wach, die Leseratte.


*Bäckerbibel – 1. Gebot*
»Geh stets mit fremden Teigen um,
als wären sie dein Eigentum!«


*Aromenaustausch*
Vom Traubentreten seine Füße
bekamen eine feine Süße.
Hernach sich aus wie Käse nahm,
was aus dem Wein zur Nase kam.

# Kunst & Hurz

*Alkoholismus in Hollywood*
Erst rief am Set der Hardy: »Cut!«
Dann frug er, wer Bacardi hat.


*Woody, der Unglücksrabe*
Erschrocken rief er: »Uh, die Wellen!«
Dann flog vom Surfbrett: Woody Allen.


*Toupetfund vermutlich aufgeklärt*
Der Typ, der einst im Westen Haar
verlor, wohl Charlton Heston war.


*Kermit will's wissen*
»Ich frage mal Miss Piggy, ob
bei ihr was läuft mit Iggy Pop.«


*Ein Kaugummi macht noch keinen Sutherland*
Selbst wenn den Gummi schief er kaut,
nie cool er aus wie Kiefer schaut.

*»Blechfinger« – Moore in billigem Bond-Remake*
Statt Longdrinks trank er Fanta – Moore
im *Bond,* in dem er Manta fuhr.


*Heiteres Zitateraten – Heute: Ghandi oder Mel Gibson?*
»Wo ist der Sinn, erst schlau zu fragen?
Es lohnt sich stets, die Frau zu schlagen!«


*Dieter B.*
Er macht aus jedem Scheiß 'n Hit,
verkauft den Mist als »heißen Shit«.


*Verriss der Woche: »Don Klovanni«*
»Die Arie hat so geklungen,
als hätt er sie im Klo gesungen.«


*Interessante Neuinszenierung*
Es zeigten Kurtisanen schwe-
re Brüste jüngst bei *Schwanensee.*


*Inuitchor beim Sahara-Gastspiel*
Zuhaus hat sich der Chor gefühlt –
die Bühne war schön vorgekühlt.

*Nach der Chorprobe*
Ins nächste Wirtshaus flugs die Sänger laufen;
es gilt: Wer früher kommt, kann länger saufen.


*Herr Wang beim Pavarotti-Konzert*
Entsetzt rief einst Herr Wang: »El schwel,
als wenn mit Zwilling' schwangel wäl!«


*Ralfs Ausstellung »Food-Art«*
Beim Inder kaufte Ralle Ghee.
Als *Fetteck'* ziert's die Galerie.


*Schinderei vor belgischem Literaturwettbewerb*
Seit Wochen schreiben dreißig Flamen
von früh bis spät ganz fleißig Dramen.


*Beim Abmischen der neuen Helen-Schneider-Live-CD*
»Wir müssen die Stimme von Helen denn boosten,
sonst hört man vom Drummer den bellenden Husten.«


*Vom Dadaisten zum Ökoklugscheißer*
Jüngst riet mir der Sänger von *Trio:* »Zieh Bohnen,
pflanz Möhren und kaufe nur Biozitronen.«

# Hinz & Kunz

*Die superreiche chinesische Teenagerin*
Sue Yung war grad erst achtzehn Jahr,
doch riesig ihre Yacht: zehn Ar.


*Der Querdenker*
Der Schluckspecht Dr. Weber lehrte:
»Rein gar nichts sagen Leberwerte!«


*Die Vodka-Ikone*
Er soff pro Tag drei Liter, wie
sein Vollrauschvorbild Vitali.


*Der Kokspilot von MirrorAirLines*
Der Kokspilot ist auf Entzug geflogen,
drum hat er Lines dann auf dem Flug gezogen.


*»Nordlicht« Lasse*
Der Lasse liebt das Nasse. Licht
hingegen mag der Lasse nicht.

*Inventur beim Mittagessen*
Es zählt bei Tisch die Krämerseele
die Gräten in der Seemakrele.


*Gewissenloser Albino bekennt*
»Ich habe stets aufs scheiß Gewissen
Albinokot – ganz weiß – geschissen.«


*Irma im Glück*
Es stellt sie keine Firma ein,
drum jauchzt die faule Irma: »Fein!«


*Der kinderliebe Bergarbeiter*
»Bevor ich in den Schacht geh, Nichte –
noch kurz 'ne Gutenachtgeschichte.«


*Sparfuchs im Freudentaumel*
»Ich reiße hoch mein Käppchen, schnauf
vor Glück – welch geiler Schnäppchenkauf!«


*Sadistischer Physiker hielt fünfstündige Rede auf Familienfeier*
Er hatte als Thema »Die Quanten« gewählt
und damit die blöden Verwandten gequält.

# Heil & Helf

*Der schielende Kettenraucher*
Sein Arzt hielt schriftlich fest: »Er schielt
und raucht wie irre *Chesterfield*.«


*Das rächt sich alles!*
Er rauchte viel, war ungelenk –
nun wurd's ihm in der Lunge eng ...


*Dr. Jekyll und Mr. Hyde*
Die ach so steifen Logopäden
gehn heimlich nachts in Pogoläden.


*Gruppentherapeut grübelt*
»Tja, ob ich mal Frau Meier sag,
dass niemand ihr Geseier mag?«


*Nachruf eines angewiderten Augenarztes*
»Sie wusch nie ihre Lider, wich
stets Seife aus, war widerlich!«

*Alternativmediziner berät Boxprofi*
»Die Faust tut weh, Herr Tyson? He,
dann trinken S' einfach heißen Tee.«


*Erkältungsprävention eines Übervorsichtigen*
Er lutscht in kühlen Phasen *Hus-
tinetten* – dieser Hasenfuß!


*Naturfaserphobikerin bei der Konfrontationstherapie*
Beim Anziehn tönt ihr Greinen laut –
o wie es Babs vor Leinen graut!


*Naturnahe Medizin*
Aus Tofu, Mehl und Bohnenkraut
der Veggiezahnarzt Kronen baut.


*Rubensweib über Ernährungsberater verärgert*
»Ich glaube wohl, jetzt spinnt er. Weg
soll vor dem Herbst mein Winterspeck?!«


*Lazarettbesuch beim Soldaten und Seidenmaler Kai*
Sie fragte den Arzt: »Wo ist Kai denn versehrt?«
»Am Kopf – er malt Bilder nun seidenverkehrt.«

# Aus & Land

*Nahost: Endloser Friseurstreik*
Es sehnte sich nach toller Schur:
der zugewachsne Scholl-Latour.


*Nahost: Nachhaltige Urlaubseindrücke*
Ein Dromedar trat Ina, sie
erlebte viel im Sinai.


*Afghanistan: Talibanübergriff auf Frauenrechtlerin*
Sie rief empört am Hindukusch:
»Die Griffel weg vom Kinn, du – husch!«


*Indien: Ex-Nachbar despektierlich über Ghandi*
»Hat kaum mehr als 'ne Zeck' gewogen –
was soll's, is' eh bald weggezogen …«


*Türkei: Menschen, Tiere, Sensationen*
»Ja, schau dir dieses Biest an, Ulla –
den Kampfhund von dem Istanbuler.«

*Italien: Winterurlauber enttäuscht*
»Zwei Mädels haben heiße Skier,
ansonsten find ich's scheiße hier!«


*Österreich: Wintersportlegende Pistentoni*
Im Winter säuft pro Tag er je
nach Laune zehn, zwölf Jagertee.


*Österreich: Romantisches Burgenland*
Das Rindvieh steht auf Heideboden,
im Winde schwingen beide Hoden.


*Schweiz: Beratungsgespräch im Reisebüro »London Travels«*
»Haben wir dort Seeblick?« – »Nein!
Meistens wird es neblig sein.«


*Norwegen: Neues aus Trollywood*
Der Troll spielt im Film *Überragende Trolle* –
ja, was wohl? Na klar: Eine tragende Rolle!


*Japan: Tepco-Mitarbeiter über den Firmenchef*
»O blickte nach dem GAU er scheel –
verstrahlt war selbst sein Showergel.«

# *Schlau & Spruch*

*Spruch aus einem Mittelalterkalender*
Kommt Salz in ihre Wunde, gilt:
Da wird die Kunigunde wild.


*Spruch aus einem Vegetarierkalender*
Würde sich das Lamm erheben,
hätte es ein Hammerleben.


*Spruch aus einem Bauernkalender*
Wenn Keiler sich die Hauer schaben,
tags drauf wir einen Schauer haben.


*Spruch aus einem Ornithologinnenkalender*
Am Sonntag esse Krebel, nähe
und lausch dem Ruf der Nebelkrähe.


*Spruch aus einem Mehr-Rücksicht-im-Luftraum-Kalender*
Zum Heuln, dass selbst beim Segelfliegen
die rotzig-frechen Flegel siegen.

# *Frag & Sag*

*Beim Finanzamt*

Sie fragt ihn nach der Steuernummer.
Er schweigt, sie seufzt: »Ein neuer Stummer.«


*Kantinengespräch im Statistischen Bundesamt*

»Man müsste mal die Transen fragen,
wie oft sie was mit Fransen tragen.«


*Neulich im Copycenter*

»Wo ist denn bloß der Toner, Jan?«
»Ich glaube, den hat Jonathan.«


*Klodialog*

Er spült. Ich komm, ruf: »Lass!« Er: »Was 'n?«
Ich: »Deckel hoch – zum Wasserlassen.«

# Lug & Trug

*Winzer klagt über Erntehelfer*
»Sie klauten mir die Lagenweine
und zogen mit dem Wagen Leine.«


*»Blue Mountain« – Zweifel bei Fälschungsversuch*
Er fragte sich beim Klonen bang:
»Erkennt man es am Bohnenklang?«


*Notleidende Belegschaft soll sich betäuben*
Der Chef der Firma Lindt: »Esst Mohn!
Ich zahle keinen Mindestlohn.«


*Töchterchen verrät Taschengelderschleichungstrick*
»Wenn ich in ihrem Schoße greine,
spendiert mir Mama große Scheine.«


*Telefonbuchleser verärgert*
»Ich hab das Buch nicht weit gelesen,
ich bin den Schmarrn bald leid gewesen.«

*Fressattacken und euphemistische Selbsteinschätzung*

»Ich bin die ganz spontane Sorte –
ess gern mal nachts 'ne Sahnetorte.«

# Dies & Das

*Finanzkrise – Auch Burgherren betroffen*
Recht schmal war'n jüngst die Zinsgewinne,
drum reicht's nur für 'ne winz'ge Zinne.


*Europa wächst zusammen*
Am Tor der Firma Liesegang
ging jüngst ein Portugiese lang.


*EU-Mohrenkopfneubenennungskommission greift durch*
Es tönt von hohen Rängen: »Schaum-
kuss heißt's ab heut im Schengen-Raum.«


*08.11.1989 – Honecker stand im Stau und betete*
»Erhalt, o Herr«, im Stau er 'n bat,
»den Arbeiter- und Bauernstaat!«


*Waschmittel und Schwulsein – Frage an Wowi*
»Du lebst doch in 'ner Homoehe.
Benutzt ihr da auch OMO, hehe?«

*Betriebsausflug der Tischlerei Nazareth (anno 20 n. Chr.)*
Der Meister rief: »Kollege, saufen!«
Doch der ist übern See gelaufen.


*Bizarres Yeti-Rennen im Serengeti-Park*
Brad rief im Serengeti: »Yo,
come on, come on now – Yeti, go!«


*Wichtelalarm*
»Den Bauernhof behüten wir,
denn wilde Wichtel wüten hier.«


*Monströs*
Zwei Monster, die sehr stanken, frei'n
die Schwestern von Herrn Frankenstein.


*Der Duft des Sommers*
Es war der »Duft« des Sommers arg.
Der Grund: Im Klo stand Ommas Sarg.


*Nach Giftgasunfall in deutscher Enthaarungsmittelfabrik*
Die Wolke, die »Gefahr aus Halle«,
führt vielerorts zum Haarausfalle.

*Om*
Ein Guru riet auf Usedom
gestressten Gästen: »Do the *Om!*«


*Philosophiestudent gemaßregelt*
»Man geht nicht in 'ne Kegelhalle
und quatscht dann über Hegel, Kalle!«


*Seniorenverbandssprecher über die Jugend von heute*
»Sie hehln mit heißer Ware, haschen
und halten nichts vom Haarewaschen.«


*Das Retroclownsnasenfieber grassiert*
Recht oft hat Onkel Pelle Bock
auf Nasen aus der Belle Époque.

# Mund & Art

*Berliner Schicksale – Erst verlaust, dann pleite*
»Wie jeht dit denn jetze den Max mit die Läuse?«
»Is pleite – war imma zu lax mit die Mäuse.«


*Dit Unjeziefer uff 'n Leib jerückt*
Er lädt voll Schrot den janzen Wagen,
denn Kalle düst zum Wanzenjagen.


*Koch schnella, Lottchen!*
Vor Knast ick uff die Jabel kau.
Ick saach: »Wo bleibt meen Kabeljau?«


*Berliner Krokodilhalter packt aus*
»Für'n Durchfall von meen Kroko schäm
ick mir – ick jab ihm Schokocreme.«


*Eltern mit dem Vornamen anreden?*
»Nicole, mehr Taschengeld wär hammermäßig.«
»Jetz pass ma uff, meen Kleena: *Mama* heeß ick!«

*Muttertagsgeschenk für die Domina*
Er hält ihn hin, saacht: »Mama, hier.
Hau zu, schlaach mit den Hamma mir!«


*Einst im Frankfurter »Wienerwald«*
»Isch nehm vom Grill de Hahnekamm.«
»Isch glaab, des mer grad kaane hamm.«


*Bayrischer Autofahrer klagt*
»I muss scho sogn, die Achsen san halt
arschteua hia in Sachsen-Anhalt.«


*Bergsteigerdialog*
»Drehst um?«, fragt Sepp den Gerd. »I wo!
I hab do kane Vertigo.«


*Lieblingsthema Krankheiten*
»Kruzifix! Mia reicht jetz 's Gschwätz vom Hämatom.
Sepp, du wirst do no an andres Thema hom.«


*Genesungswünsche der polnischen Brieffreundin*
»… ick winschen herzlick alle Gute,
besonders fir das Galle, Ute!«

# Vier & Fach

*Großstädter auf dem Bauernhof*
Er sollt die Geiß, die zarte, wiegen
und wollt's, obwohl s' sich zierte, wagen.
Der Bauer rief noch: »Warte! Ziegen …«
Da ließ ihn, dass sie wieh'rte, zagen.


*Polarforscher berichtet auf Kneipentour*
»Am Nordpol und dahinter warten –
mit Blumensträußen (winterharten) –
auf Frauen wirre Wanderhirten«,
erzählt aus erster Hand er Wirten.


*Dominanter Gemüsehändler unter Verdacht*
Wo nahm die Möhr'n *Sir Sören* her?
Sie röchen, war zu hören, sehr
nach Möse. Solch Miseren hör-
te man vom sonst so hehren Sir.

*H. – Der Irre aus dem Hockerladen*

Ja, er hatte einen Hockerladen
und wohl eine Schraube locker: H.; denn
oft bestrich mit rohem Hack er Loden,
manchmal gar mit rotem Lack er Hoden.


*Die bizarren Vorschläge der Ratgebermeise*

Dem Blauwal eine Meise riet:
»Geh wieder mal auf Reise! Miet
ein Seepferd dir, du Riese. Meid
die Strömung, diese miese – reit!«

# Schnorr & Schlauch

*Der Schnorrer*

Er hat bei der in Rot geschlaucht,
denn die hat wie ein Schlot geraucht.
Dann frug er, ob sie Feuer hätt,
das fänd er ungeheuer fett.
Und außerdem noch fände er
von ihr es ja am Ende fair,
wenn sie ihm ein paar Mäuse leiht.
Er rief: »Rück raus die Läuse, Maid!«

# NONSENSGEDICHTE

## *Leberreime*

Die Leber ist von einem Hecht
und nicht von einer Qualle.
Der Hotte fasst sich ans Gemächt
und grölt: »Ick flieg nach Malle!«


Die Leber ist von einem Hecht
und nicht von einer Grille.
Die Gattin macht's dem Gatten recht,
so ist es Gottes Wille!


Die Leber ist von einem Hirsch
und nicht von meiner Tante.
Der Jäger geht erst auf die Pirsch
und gibt sich dann die Kante.


Die Leber ist von einem Ork
und nicht von einer Elfe.
Der Hesse nölt: »Se schmeckt wie Kork,
da kann isch mer ned helfe'.«

Die Leber war von einem Frosch
und nicht von einem Fisch.
Ein Rächerfrosch drum hart verdrosch
den Franzmann – noch bei Tisch!


Die Leber sagt: »Ich spende mich«,
und hüpft in die Kollekte.
Die Niere ruft: »Ich fass es nich' –
komm raus, das is' 'ne Sekte!«


Die Maso-Leber liegt am Strand
und träumt von »böser Liebe«,
da kommt in schwarz *Sir Hecht* an Land
und gibt ihr zünftig Hiebe.


Die Leber rührt vom Urknall her –
wie alles, keine Frage.
Sie dehnt sich – wie der Kosmos – sehr,
gab's abends ein Gelage.


»Die Leber stammt vielleicht vom Mars.«
»Die These scheint mir kühn.«
»So kühn ist sie durchaus nicht, Lars –
die Leber schimmert grün.«

*Carmina Burana*

Ein Elefant in Düsseldorf
blies kürzlich mit dem Rüssel Orff.
An seinem Arsch der Parasit
sang O Fortuna lauthals mit.


*Fernöstliche Kampfkunst*

Es lernt ein jeder Shaolin
bis heut im Reich der Mitte:
Lass richtig einen feindwärts ziehn,
dann hat er keine Schnitte.


*Marille und Nille*

Er schenkte ihr auf Capri Rosen
und flehte leis: »O schöne Maid!«
Sie soff grad Schnaps aus Aprikosen
und lallt': »Ick weeß schon – Beene breit.«


*Haute Cuisine für unterwegs*

Bei *Feinkost-Jacques* in Breckenheim
gibt's becherweise Schneckenschleim
und außerdem von Fröschen Schenkel –
im Froggy-Bag (to go) mit Henkel.

*Ente kross? Nein, danke!*

Sie floh aus dem *Hongkong-Grill* – einst in Malente.
Das war es auch schon – mein Gedicht von der Ente.

*Spaßvogel Arnold*

Drunten im Teich trieb die Leich' vom Herrn Meier.
»Aas ta la vista!«, krisch Arnold, der Geier.

*Leichenschmaus beim Italiener*

Ein Geier aus der Lombardei
frönt liebend gern der Völlerei.
Jüngst kehrte er bei *Enzo* ein,
Garant für feine Schlemmerei'n.
Mit Magenknurren nahm er Platz
und zückte flugs den Sabberlatz.
Er rief: »Nun tischt mir Totes auf!«
So nahm der Festschmaus seinen Lauf.

Zum Auftakt – heftig speichelnd – fraß
er leckren *Insalata Aas*.
Er hatte diesen kaum verdrückt,
mit P*aas*ta man kam angerückt:
*Spaghetti all'kadavonara* –
ein Geiertraum, und zwar ein wahrer.
Es folgten zügig zwei Doraden,
serviert in einem Nest aus Maden.
Hernach, wie üblich, alter Käse:
schön schimmeliger *Bel Paese*.
Dann *Panna rotta* als Dessert –
Mensch Geierherz, was willste mehr?!
Vielleicht, er müsst nur bitten drum,
noch was vom *Crema*-torium...?
Doch als er's dachte, brachte man
ihm schon *Espresso Morte* an.

Der Geier war nun mächtig voll,
bedrohlich seine Wampe schwoll.
Er fand, ein Schnäpschen müsse her,
rief: »Enzo, Grappa – bitte sehr.« –
»Si, vengo, vengo, alte Laus.
Die Grappa gehte auffe Haus.« –
»Salute! Es war alles tutti.« –
»Va be', Ragazzo. Wie geht Mutti?«

So klang er aus, des Geiers Schmaus –
mit Unwucht rollte er nach Haus …

*Aufbruch nach Aasghanistan*

In Hessen sprach ein Geierpapa
zu seinen Jungs: »Heut happa, happa
mer mache ned dahaam in Gieße'.
Woanners wolln mer uns erschließe
Kadaverjagdgründ – hier de Plan:
Mer fliesche nach Aasghanistan.«

»Ei, voll de Honich!«, schrien die Racker.
»Denn mache mer uns gleich vom Acker.«
Der Papa krächzte: »Kinner, sachde.«
Die Kiddis: »Klar, noch is ned achde.«
Der Papa: »Was en Hammawitz.
Jetz ernsthaft – macht de Ohre spitz:

Isch waaßes, Jungs, ihr seid fast flügge,
doch bis darunna is en Stügge.
So weit könnt ihr ned selber fliesche,
ihr würdet uffm Zahnfleisch kriesche.
Ei Kinner, des hat aalls kaa Sinn –
mer düse midde Fluchzeug hin.«

Die Geierkiddis flippten aus,
schrien: »Babba, geil! Wann steicht de Saus?«
Der Alte grinsend: »Ei, noch heut.
Um achde geht de Fliescha, Leut.
Isch saach euch, des wird rischtisch fett –
mer fliesch *Först Claas* mit *Aasy Jet*.«

Die Pimpfe krischen: »Megacool!
Des reißt sogar e Leich vom Stuhl.«
Der Senior drängte: »Lasst uns stardde.
Isch glaab, des die uff uns ned wardde.
Mer reise nur mit Handgepäck –
sprich Sabberlätz und Aasbesteck.«

So startete der Geierclan
den Aufbruch nach Aasghanistan.
Im Flieger dann ganz frohgemut –
am Horizont des Abends Glut –
die leichengeile Rasselband'
sang: »Auffi ins *verweste Land* …«

# Danksagung

Mein Dank gilt zuallererst Georg Rack vom *Literaturforum Österreich*. Er hat mich durch sein dichterisches Treiben in der virtuellen Blödelecke der Internetplattform überhaupt erst für das Schreiben von Schüttelreimen begeistert und mir zudem einen Teil des Wissens vermittelt, das man für die Ausübung dieser müßigen, aber höchst amüsanten Kunst benötigt.

Des Weiteren gebührt einigen Mitstreitern aus der Netzgemeinde Dank für konkrete Tipps und Anregungen zu meinen Versen. Namentlich sind das Fritz Oskar Keil (»Ihr ging es lausig«), Christian Bauer (»Abgeblitzt«) und noch mal Georg Rack (»Amore, Amore!«).

Ein großes Dankeschön geht auch an Guido Neukamm für seine wunderbaren Zeichnungen.

Zu guter Letzt möchte ich mich herzlich bei Ramona, Nora und Eva Maria sowie allen anderen bedanken, die mich in der einen oder anderen Form bei meinem schändlichen Tun unterstützt haben.

Vielen Dank euch allen!

*Thomas Elbrecht alias Prof. Elsenbrink*

Bisher von Prof. Elsenbrink erschienen:

»**Das ist der totale Schwachsinn, Mann! –
Texte für das Welthumorerbe**«
88 Seiten | 10,– Euro | ISBN 978-3-8448-1051-6

Zeichner und Autor Guido Neukamm ist bekannt durch seine Arbeiten für *MAD*, *Biien der Schatten*, *Gespenstergeschichten* und *Krähen*. Von ihm sind bisher u. a. erschienen:

»**Nocturnal Nemesis**«
66 Seiten | 12,80 Euro | ISBN 978-3-941886-50-6

»**Nocturnal Nemesis II**«
66 Seiten | 19,90 Euro | ISBN 978-3-941886-61-2